Herstellung und Verlag:
Books on Demand GmbH, Norderstedt
ISBN 978-3-8423-3926-2

Zeitweise

Haiku und Gedichte

von Christine Holzinger

Widmung:

**Diesen Gedichtband widme ich
meinen Kindern Verena und Linda**

4

Haiku

Ein Haiku ist eine besonders kurze Gedichtform, deren Worte von der Beobachtung Natur inspiriert wurde. Die ersten Haikus entstanden in Japan schon vor 700 Jahren. Traditionell besteht das Haiku aus drei Gruppen von jeweils 5, 7, 5 Silben.

Unverzichtbarer Bestandteil von Haiku sind Konkretheit und der Bezug auf die Gegenwart. Vor allem traditionelle Haiku deuten eine Jahreszeit an.

Als Wesensmerkmal gelten auch die nicht abgeschlossenen, offenen Texte, die sich erst im Erleben des Lesers vervollständigen. Im Text wird nicht alles gesagt, Gefühle werden nur selten benannt. Sie sollen sich erst durch die aufgeführten konkreten Dinge und den Zusammenhang erschließen.

Ursprung:
Wikipedia, Deutsche Haikugesellschaft

Nachttränen

Die Tränen der Nacht

trocknet zärtlich der Herbstwind

dem Licht entgegen

Altweiberfäden

Altweiberfäden,

der Tau glänzt im Morgenlicht,

blutrot weint der Mohn

Eulenruf

Hör – die Eule ruft-

Atemlos wartet der Wind

Im Pfarrhaus brennt Licht

Hundebellen

Dort im alten Haus

seit Tagen lautes Bellen

Keine Spur im Schnee

Totenglocke

Die Totenglocke

verklingt im Dunst des Nebels

Das Kreuz – namenslos

Die Krähe

Die schwarze Krähe

sucht im frühen Sonnenlicht

nach ihrem Schatten

Gedichte

Ist es nicht an der Zeit, einen Vorrat
unantastbarer Worte einzurichten?

*- Grigori Jablonskij *1939 -*

Herbst-Gedanken

Der Herbst hat viel zu tun in diesen Tagen
hat Aquarell- und Wasserfarben mitgebracht
lackiert die Welt in kunterbunten Farben
und die Natur zeigt letzte makellose Pracht.

Die weißen Astern schminken
sich zum Abend
in Purpurrot, Hellgelb und Violett
und auf den Feldern tanzen Nebelschwaden
im kahlen Stoppelfeld ihr herbstliches Ballett

In unsern Gärten deckt das Laub der Bäume
sanft letzte reife Früchte zu.
Eisiger Raureif schmückt die grauen Zäune
und müde legt der Sommer sich zur Ruh

Der Goldfisch

In einem Goldfischglas am Tisch
schwimmt rundenweise heut ein Fisch
Der Nachbar bracht das Tier zur Hege
damit im Urlaub ich es pflege.

Ich glaub, der Fisch möcht mir was sagen
ach, könnt ich ihn nur danach fragen
vielleicht vermisst er seinen Herrn?
mit Sicherheit - den hat er gern!

Vielleicht sehnt er sich nach Natur
und möcht sein Wasser lieber pur?
Will er im Teich mit Fröschen spielen
und selbst nach seiner Nahrung wühlen?

Er macht das Mäulchen auf und zu
so ähnlich wie im Stall die Kuh.
Ein Buch werd ich heut kaufen gehen
ich will den Fisch nicht leiden sehen

Mir fällt's wie Schuppen aus den Haaren
bei *Google* könnt ich mehr erfahren
da steht es doch: *„Fisch atmet ein"*
so einfach kann die Lösung sein.

Im Goldfischglas auf meinem Tisch
schwimmt rundenweise heut ein Fisch,
ich schließ die Tür behutsam zu
ein kleiner Fisch braucht seine Ruh

An der Schwelle

Ein schwarzer Vogel flügelschlagend
lässt sich vor meinem Fenster nieder
ist wirklich schon des Lebens Abend
kehrt niemals mehr die Sonne wieder?

Wird er mich in den Schatten führen
durch alle Dunkelheit der Nacht
wird dort das Böse mich berühren
das schrill in meinen Ängsten lacht?

Wird an der Schwelle jemand stehen
der meinen Weg ins Licht bewacht,
mit mir durch tiefe Schatten gehen
nur auf mein Seelenheil bedacht?

Ein schwarzer Vogel flügelschlagend
verlässt besiegt den Raum des Lichts
ich hör die Totenglocke klagen
alles wird hell, ich fall ins Nichts.

Wenn Engel weinen

Meine schneeweißen Flügel
sind grau geworden
gewebt ist mein Kleid
aus tausenden Sorgen
bestickt mit den Tränen
voll Kummer und Leid
Steh auf, lieber Mensch,
es wird langsam Zeit.

Spürst du nicht meinen Schatten,
du trauriges Kind
und den Druck meiner Hand
im stürmischen Wind?
Denk doch an mich,
hab Vertrauen zu mir
was mir fehlt, lieber Mensch,
ist der Glaube von dir.

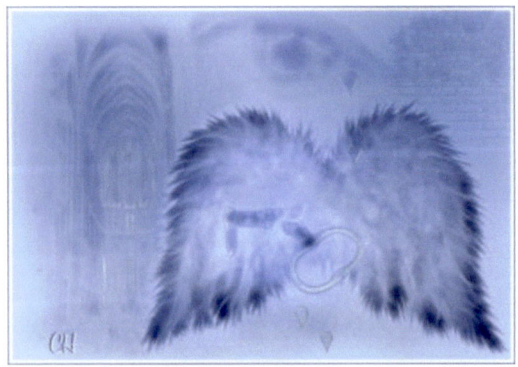

Schutzengel-Gedicht

Unsichtbar verwebt mit mir
trocknest du all meine Tränen
so strahlend hell wie ein Saphir
in dunklen Träumen voller Sehnen

Schneeweiß, die Flügel ausgebreitet
liebevoll im Hier und Jetzt
damit ich keinen Schaden leide
und niemand Böses mich verletzt.

Bleib hier bei mir, halt meine Hand
wenn großer Kummer in mir ist.
Unglaublich stark ist unser Band
Wie gut, dass Du stets bei mir bist.

Wir Dichter

Wenn Silben sich zu Worten finden
und Worte sich in Sätzen binden
beginnt des Dichters Frust und Lust
denn dieser reimt aus voller Brust.

Wenn inhaltsvoll die Worte fließen
sich in das Meer der Dichtung gießen
und manch ein Leser ist begeistert
wenn still er durch die Zeilen geistert.

Doch oft stockt des Poeten Stift
wenn er die Metrik gar nicht trifft
dies fällt so manchem Schreiber schwer
und er verflucht das Dichten sehr

Drum prüfe wer nun Silben bindet
damit der Satz zum Verslein findet.
Dem Dichter wünsch ich allerort
zu jeder Zeit das richt'ge Wort

Single-Börse

Humorvoll, blond mit sehr viel Stil
so steht's in seinem Chat-Profil
sucht eine Dame, nicht zu klein
sie darf auch gern vermögend sein

Er sei Konsul mit großer Yacht
und sein Chalet erstrahlt in Pracht
von seinen Titeln ganz zu schweigen
mit ihm könnt jede Frau sich zeigen.

Beim Lesen wird IHR sehr schnell klar
wenn alles stimmt, wär's wunderbar
Sie schreibt ihn an, wirft sich in Pose
und in die Mail setzt sie die Rose

Er meldet sich, würd sie gern seh'n
er stottert rum – hat ein Problem
er hat zwar den Besuch versprochen
doch wurde bei ihm eingebrochen

Man hat das Auto ihm gestohlen
und weiterhin auf leisen Sohlen
hat sein Chalet man ausgeraubt.
Er hofft jetzt nur, dass sie ihm glaubt!

Die Bank hat Konten eingefroren
und ohne sie ist er verloren
doch würd sie Geld ihm überweisen
so könnte er zu ihr verreisen

Sie grübelt lange hin und her
und der Entschluss fällt ihr nicht schwer
sie sagt, ok, Du bist willkommen
doch umgekehrt kann ich doch kommen

Ich kann in deiner Villa wohnen
das würd sich für uns beide lohnen
Wir könnten die Probleme klären
ich kenn mich aus, lass mich gewähren

Er sagt, lass mir bis morgen Zeit
ein Zimmer mach ich dir bereit
Ich check die Zug-Verbindung ab
komm leg jetzt auf, die Zeit wird knapp

Am nächsten Tag gibts ihn nicht mehr
sein Chat-Profil ist völlig leer.
… Humorvoll blond mit sehr viel Stil
nur übrig blieb davon nicht viel…

Mond-Schloss

Unser Schloss auf dem Mond
bewohnen jetzt Außerirdische

die Sterne vom Himmel
hast du mir auch nicht geholt

Ach ja,

meine rosarote Brille
habe ich gestern abgenommen

und lege sie jetzt -
zusammen

mit den Sternen und dem Schloss
in meine unterste Schublade

Kleiner Stern

Deine Hand in der meinen
Blicke voll Vertrauen

Hüpfen auf nasser Straße
glockenhelles Lachen

Tanzen in der Sonne
Greifen nach dem Regenbogen

Strahlen mit dem Licht
bis zum Tag des Erwachens

Moritat von Herrn Müller - Part I

Herr Müller, der unendlich Gute
war sehr verliebt in eine Ute

doch diese wollt nichts von ihm wissen
möcht lieber 'nen Hallodri küssen

Das sah der Chef, der da im Himmel
der passt stets auf, trotz Mordsgetümmel,

denn Engel flogen hin und her
die Menschen wurden auch stets mehr.

Er pfiff nach Amor, diesem Knaben
doch dieser war am Manna laben:

"Sei nicht so faul, du kleiner Bengel -
friss nicht so viel, du bist ein Engel!

Schnapp dir den Pfeil und deinen Bogen
und spiel den blonden Liebesboten".

Und Amor flog, erst schnell - dann schneller
denn Ute wusch im Wäschekeller

er traf die Gute in die Brust
sie stöhnt laut auf - in Liebeslust

Herr Müller, der unendlich Gute
ist nun der Mann von seiner Ute.

Moritat von Herrn Müller - Part II

Herr Müller, der unendlich Gute
war nicht sehr glücklich mit Frau Ute

Sie hatte Haare auf den Zähnen
ich denk, das sollte man erwähnen

Her Müller fasst den bösen Plan
kauft einen alten blauen Kahn

Er wusste, Ute kann nicht schwimmen,
sie konnt' dem Sport nichts abgewinnen

Er lud sie ein zum nahen See
sie freut sich sehr darauf … „oh weh"

Das sah der Herr, der da ganz oben
konnt' jetzt den Müller nicht mehr loben

das war etwas, was nicht gefiel
drum wechselte er schnell das Ziel

Er gab dem Müller einen Schubs
der fiel ins kalte Wasser …."uups"

Her Müller, der so gar nicht Gute,
der war jetzt tot …..und reich Frau Ute!

Viele meiner Gedichte sind in verschiedenen
Anthologien aufgenommen worden,
d.h. sie wurden bei
Wettbewerben/Ausschreibungen
unter einer Vielzahl anderer
Gedichte ausgewählt.

Dezember 2010 Christine Holzinger
Fürstenfeldbruck

www.zeitweise.bplaced.net

Dieses kleine Geschenkbuch soll liebe Menschen
mit meinen ersten Gedichten erfreuen.